PAPIER FRESSERCHEN
MTM-VERLAG
DIE BÜCHER MIT DEM DRACHEN

Impressum:

Besuchen Sie uns im Internet:
www.papierfresserchen.de

Mühlstraße 10 – 88085 Langenargen
info@papierfresserchen.de

Die Illustrationen wurden mithilfe von Künstlicher Intelligenz (KI) erstellt.
Die Beschreibungen und Konzepte für die Bilder stammen von der Autorin.

Gedruckt in Polen

ISBN: 978-3-99051-388-0 - Taschenbuch

Wo ist Papa?

Einfühlsame Kinder-Kurzgeschichten
über das Leben ohne Vater

Sina Bunsmayr

Brief an dich, liebes Kind

Vielleicht ist deine Geschichte ganz anders als die Geschichten in diesem Buch. Vielleicht ist sie ähnlich. Vielleicht ist sie noch mitten im Werden.

Was du fühlst, ist richtig. Ob du traurig bist, neugierig, wütend oder fröhlich – alles darf da sein.

Deine Geschichte gehört dir. Und du darfst sie erzählen, malen, tanzen oder ganz leise im Herzen tragen.

Es gibt viele Arten von Familie. Deine ist eine davon. Und es gibt viele Arten von Liebe. Du bist wertvoll. Du bist richtig. Du bist nicht allein.

Mit einem liebevollen Gedanken für dich – genau so, wie du bist.

Vorwort

Kinder stellen viele Fragen – und eine der schmerzhaftesten und wichtigsten kann sein: **„Wo ist mein Papa?“** Diese Frage kann aus Sehnsucht entstehen, aus Unsicherheit oder aus dem ganz natürlichen Wunsch nach Zugehörigkeit. Für viele Kinder ist die Abwesenheit eines Vaters in der Familie Teil ihrer Lebensrealität – oft aus ganz unterschiedlichen Gründen.

Dieses Buch möchte Kindern einen Raum bieten, in dem sie sich wiederfinden und verstanden fühlen können. Es erzählt einfühlsam und ehrlich von verschiedenen Situationen, in denen ein Papa fehlt – sei es durch Trennung, Krankheit, Tod, Sucht, Distanz oder weil er schlicht nie Teil des Alltags war. Die Geschichten sprechen mit der Stimme von Kindern, die erleben, was es bedeutet, ohne Vater aufzuwachsen – und zeigen, dass sie mit ihren Gedanken, Gefühlen und Fantasien nicht allein sind.

Die Texte sind so geschrieben, dass sie Kinder ab etwa vier Jahren emotional abholen, ohne zu überfordern. Sie eröffnen Gesprächsanlässe und fördern das Vertrauen zwischen Kind und Bezugsperson. Pädagoginnen, Therapeutinnen und Eltern können das Buch nutzen, um sensible Themen wie Verlust, Veränderung und alternative Familienformen anzusprechen – ehrlich, altersgerecht und stärkend.

Zentrales Anliegen dieses Buches ist es, jedem Kind zu zeigen: **Deine Geschichte ist wertvoll. Du bist nicht falsch oder allein.** Du darfst traurig, wütend, neugierig oder fröhlich sein – alles hat Platz.

Neben den Geschichten enthält dieses Buch ergänzende Materialien, die helfen, das Gelesene zu vertiefen und gemeinsam ins Gespräch zu kommen:

Hinweise für Erwachsene, wie man mit Kindern behutsam über schwierige Themen sprechen kann:

Impulse für kleine Rituale und kreative Alltagsideen, die helfen, mit Trauer, Sehnsucht oder Unsicherheit kindgerecht umzugehen.

Und auf der nebenstehenden Seite gibt es einen Brief an das Kind, der es ermutigt, seine Geschichte anzunehmen und zu fühlen – in seinem ganz eigenen Tempo.

Dieses Buch möchte nicht nur erzählen, sondern begleiten. Mit Worten, mit Bildern, mit Herz.

Der Wind trägt seine Stimme

Mein Papa wohnt am anderen Ende der Welt. Dort, wo das Meer niemals einfriert und wo die Sonne oft so stark scheint, dass selbst der Sand glitzert. Auf den Feldern in der Nähe seiner kleinen Farm wiegen sich die Ähren im Wind, als würden sie tanzen. Wenn ich mit ihm telefoniere, höre ich manchmal das Meer rauschen, als säße er direkt daneben. Dann stelle ich mir vor, wie er barfuß am Strand steht oder durch die Felder spaziert, mit einem Strohhut auf dem Kopf – und ganz fest an mich denkt.

Mama hat Papa im Urlaub kennengelernt. In einem Land, das so ganz anders ist als unser Zuhause. Es ist dort warm, wild, lebendig – genau wie Papas Lachen. Sie haben sich schnell verliebt, sagt Mama, und aus dieser Liebe bin ich entstanden. Doch Mama wollte nicht für immer in diesem Land bleiben. Sie hat Heimweh bekommen – nach Omas Apfelkuchen, nach dem Regen auf dem Balkon, nach ihrer Sprache. Also ist sie mit mir zurückgefahren. Da war ich noch ganz klein und konnte nur glucksen.

Papa wollte aber auch nicht hier bei uns wohnen. Er hatte seine Arbeit, seine Tiere, seine große Familie.
„Manchmal reicht die Liebe nicht aus, um an einem Ort zu bleiben“, sagt Mama.

Aber Mama und Papa sind trotzdem gute Freunde geblieben. Sie lachen noch immer miteinander am Telefon – und manchmal schickt Papa Mama Rezepte aus seiner Heimat, die wir zusammen nachkochen. Ich helfe dann mit. Vor allem beim Probieren.

Papa sagt, dass er mich lieb hat. Ganz doll. Auch wenn er nicht hier bei mir ist. „Der Wind trägt meine Stimme zu dir“, sagt er immer. Seitdem höre ich besonders gut hin, wenn es draußen rauscht – in den Bäumen, im Kamin, auf dem Dach. Vielleicht ist das ja gerade Papa, der mir sagt: „Ich hab dich lieb.“

Hallo Papa!

Manchmal bekomme ich Post von ihm. Kein gewöhnlicher Brief, sondern kleine Überraschungen: eine Muschel, glatt und glänzend wie ein Zauberstein. Ein winziges Papierflugzeug mit einem Gruß auf dem Flügel. Ein Foto, auf dem er in der Sonne steht und winkt, mit seinem Strohhut und einem ganz breiten Lächeln.

Ich male ihm oft zurück. Bilder von mir, vom Park, von Mama und mir beim Pfannkuchenessen. Manchmal schreibe ich auch kleine Geschichten über uns. Mama schickt alles für mich ab – per Post oder als E-Mail. Und dann warte ich, ob etwas zurückkommt. Meistens kommt etwas.

Ich vermisse Papa oft. Besonders abends, wenn es dunkel wird und das ganze Haus still ist. Dann lege ich mich ins Bett, ziehe die Decke bis zum Kinn und halte das Bild von ihm ganz fest. Ich schließe die Augen und stelle mir vor, wie er vielleicht auch gerade in seinem Bett liegt – unter einem anderen Himmel, aber mit dem gleichen Gedanken: Ich bin da. Nicht in meinem Zimmer, aber in meinem Herzen. Und vielleicht auch ein bisschen im Wind.

In den Ferien darf ich ihn oft besuchen. Wir machen lange Spaziergänge, essen süße Früchte und sammeln bunte Steine am Strand. Ich lerne ein paar Wörter in seiner Sprache. Und Papa nennt mich dann ganz stolz: „Mein kleiner Stern."

Ich freue mich jetzt schon auf das nächste Wiedersehen. Mama sagt immer: „Liebe braucht keine Postleitzahl." Und ich glaube ihr. Denn ich spüre sie – jeden Tag.

Zwei Häuser, ein Herz

Wenn ich bei Mama bin, machen wir Pfannkuchen mit Bananen. Wir tanzen durchs Wohnzimmer, während die Pfanne zischt, und Mama schwenkt die Pfannkuchen, als wäre sie eine Zirkusartistin. Manchmal singen wir dabei – laut und schief – und lachen so sehr, dass uns die Tränen kommen.

Bei Papa gibt es Spaghetti mit Tomatensoße. Die isst er immer mit einem großen Löffel, ganz anders als Mama. Und bei ihm gibt es ein Kuscheltier, das er „Herr Schluffi" nennt.

Herr Schluffi wohnt auf meinem Bett in Papas Wohnung und passt auf mich auf, wenn ich dort schlafe. Er hat nur noch ein Ohr, aber dafür ein besonders gutes Herz.

Früher haben Mama und Papa zusammengewohnt. Mit mir und meinem kleinen Bruder zusammen. Ich erinnere mich noch an das große Sofa, auf dem wir alle Platz hatten. Manchmal saßen Mama und Papa ganz eng zusammen. Aber irgendwann haben sie aufgehört, nebeneinanderzusitzen. Sie haben sich auch nicht mehr umarmt und manchmal sogar gestritten. Die Stimmen wurden leise oder laut. Irgendwann ist Papa dann ausgezogen.

Mein Bruder und ich sind bei Mama geblieben. Aber Papa ist nicht verschwunden. Er hat eine neue Wohnung gefunden – mit einem Hochbett für mich und einer Schaukel im Garten.

Seitdem habe ich zwei Zuhause. Zwei Kinderzimmer. Zwei Zahnbürsten. Zwei Kuscheldecken. Manchmal fühlt sich das an wie ein kleines Abenteuer oder eine lange Zugreise, bei der man oft umsteigen muss.

Es gibt auch doppelt so viele Regeln. Bei Mama darf ich barfuß essen. Bei Papa muss ich beim Essen sitzen bleiben. Mama liest mir vor dem Einschlafen Bücher vor. Papa denkt sich manchmal selbst Geschichten aus – mit Drachen und fliegenden Waschmaschinen. Und manchmal telefonieren wir auch, wenn ich gerade beim anderen bin. Dann sagt einer: „Ich hab dich lieb." Und ich antworte: „Ich hab euch beide lieb."

Aber manchmal ist es auch schwer. Wenn ich gerade bei Papa bin, vermisse ich Mama. Wenn ich bei Mama bin, vermisse ich Papa. Dann bin ich traurig, auch wenn es eigentlich ein schöner Tag ist. Ich kann ja nicht an zwei Orten gleichzeitig sein – auch wenn mein Herz das manchmal gerne möchte.

Dann male ich Herzen mit Pfeilen. Einen Pfeil für Mama. Einen für Papa. Einen für meinen kleinen Bruder. Und einen für mich – mitten in der Mitte. Ich male sie bunt und groß, auf Papier, das ich auf beiden Seiten an meine Zimmerwand hänge – bei Mama und bei Papa.

„Du bist unser gemeinsamer Schatz", sagt Mama immer, wenn ich frage, ob ich gut so bin, wie ich bin.
Und Papa sagt: „Wir haben uns immer noch lieb – nur anders als früher."
Manchmal lachen sie sogar noch zusammen, wenn sie sich sehen. Das ist schön. Und manchmal auch ein bisschen komisch.

Aber ich glaube, das geht – dieses *anders Lieben*. Es fühlt sich nicht falsch an. Es fühlt sich nur manchmal ein bisschen wie Jonglieren an – mit vielen bunten Bällen, die alle wichtig sind. Aber mein Herz? Das ist groß genug für beide. Für Mama. Für Papa. Für Herrn Schluffi. Und natürlich für meinen Bruder. Und für mich.

Die Tür, die leise zuging

Eines Tages war Papa einfach weg.
Mit nur einem Koffer.
Kein Abschied.
Keine Umarmung.
Nur Stille.

Wir waren noch ganz klein. Noch zu klein, um das alles zu verstehen. Aber wir haben es gespürt – im Bauch, im Herzen, in der Luft. Etwas war anders. Etwas fehlte. Er war weg. Und wir waren sehr traurig.

Ich habe lange gewartet. Mein Bruder auch.
Wir haben abwechselnd zur Haustür geschaut. Auf das große Schloss. Auf den Haken, an dem immer sein Schlüssel hing – oder eben nicht mehr hing. Wir haben gelauscht, ob Schritte kommen. Ob jemand klopft. Ob jemand: „Ich bin wieder da", ruft.

Aber es kam nichts. Nur Stille.
So eine Stille, die schwer auf den Schultern liegt.

Mama sagt, er konnte nicht bleiben. Dass manche Erwachsenen vor Dingen davonlaufen, die sie nicht verstehen. Oder nicht aushalten. Sie sagt: „Das hat nichts mit dir zu tun."

Aber ich hatte viele Fragen. Und mein Bruder auch. Hunderte. Vielleicht Tausende.
„Hatte er uns lieb?"
„Wusste er, dass du zwei Babys bekommst?"
„Wovor hatte er Angst?"
Doch unsere wichtigste Frage war immer: „Mama, lässt du uns auch alleine?" Mama hat gesagt, dass sie uns über alles liebt und uns niemals allein lassen wird!

Manchmal reden wir beide darüber. Manchmal gar nicht. Manchmal bin ich traurig. Mein Bruder ist dann oft wütend. Und manchmal tauschen wir auch die Gefühle. Dann ist er traurig und ich habe richtig dolle Wut im Bauch.

Manchmal sind wir auch einfach leer. So leer wie ein Glas, das umgekippt ist. Mama sagt: Das ist alles okay. Gefühle sind wie Wolken – sie kommen und sie gehen.

Ich male Papa manchmal. So, wie ich ihn in Erinnerung habe. Mit Bartstoppeln, breiten Schultern und einem Lächeln, das ein bisschen krumm war. Mein Bruder malt ihn auch. Meistens kleiner als früher. Weiter weg. Wir malen oft eine Tür dazu. Eine Tür, die einen Spalt offen bleibt. Vielleicht kommt er zurück. Vielleicht nicht.

Wir haben uns schon oft vorgestellt, was wir sagen würden, wenn er plötzlich wieder bei uns wäre: „Warum bist du gegangen?“
„Weißt du, wie groß wir geworden sind?“
„Willst du uns überhaupt noch kennenlernen?“
Aber Papa kommt nicht. Nicht heute. Nicht gestern. Vielleicht nie.

Und trotzdem: Wir leben unser Leben. Wir streiten und lachen. Wir wachsen und träumen. Wir haben Mama. Und einander. Und eine Menge Mut. Und wir haben uns lieb.

Eines wissen wir ganz sicher: Wir sind nicht schuld, dass Papa gegangen ist. Nicht ein bisschen. Nicht wir. Nicht unsere Tränen. Nicht unser Lachen. Wir sind zwei. Wir sind stark. Und wir können ohne Papa leben. Auch wenn es manchmal ganz schön wehtut.

Halbe Zeit, ganzes Herz

Mein Papa wohnt nicht mehr bei uns. Er wohnt bei einer anderen Frau. Sie heißt Britta. Dort leben auch zwei Kinder – das sind meine Halbgeschwister. Aber ehrlich gesagt: Halb fühlen sie sich nicht an. Eher ziemlich ganz. Sie sind oft laut, manchmal nervig, meistens lustig – und eigentlich ziemlich nett.

Meine kleine Schwester sieht mir sogar ähnlich. Wir haben beide ein paar Sommersprossen und rote Haare – wie Oma, Papas Mama. Wenn wir nebeneinanderstehen, denken manche Leute, wir wären Zwillinge. Dann lachen wir beide.

Manchmal bin ich auch bei Papas neuer Familie. Meistens am Wochenende oder in den Ferien. Dann packe ich meinen kleinen Koffer mit meinen Lieblingssachen, meinem Kuscheltier und dem Bild, das Mama von uns gemalt hat. Ich mag Britta gern. Sie kocht leckere Sachen und liest mir abends Geschichten vor. Aber natürlich habe ich sie nicht so gern wie meine Mama. Das ist einfach so.

Wenn ich bei Papa bin, machen wir viele schöne Dinge. Wir backen Pizza mit zu viel Käse, fahren ins Schwimmbad oder bauen aus Decken und Kissen ein Zelt im Wohnzimmer. Dann schlafen wir alle dort – mit Taschenlampen und Flüstergeschichten. Ich mag das. Sehr.

Aber manchmal – auch mitten im Spaß – fühle ich mich wie ein Besucher. Weil ich oft nur kurz da bin – eben wie ein Gast. Dann sitze ich still und beobachte. Und warte, bis Papa mich ansieht. Seine anderen Kinder sagen „Papa“ zu ihm. Ich auch. Natürlich. Aber manchmal ist es schwer, ihn zu teilen. Ich will ihn dann nur für mich. Wenigstens für eine Stunde. Oder ein paar Minuten. Denn ich habe ihn ja nicht so oft wie sie.

Mama sagt, dass es okay ist, so zu fühlen. Dass man Menschen teilen kann – und sie trotzdem aus ganzem Herzen lieb haben kann.
Und Papa sagt, dass ich sein erstes Kind bin. Sein Herzenskind. Manchmal flüstert er das ganz leise in mein Ohr: „Du warst der Anfang von allem." Das kitzelt. Aber nicht nur im Ohr – sondern auch im Herzen.

Wenn ich wieder nach Hause fahre, zu meiner Mama, umarme ich ihn ganz fest. Ich nehme mir dann ein bisschen Papa mit – wie einen kleinen Schatz, den niemand sieht. Auch wenn ich dann immer ein wenig traurig bin, freue ich mich trotzdem sehr auf meine Mama.

Denn Mama ist meine Mitte. Sie wartet immer schon an der Haustür. Meistens mit Kakao und offenen Armen. Und neuerdings – mit einem runden Bauch. Mama bekommt nämlich ein Baby. Ihr Freund Tim wohnt jetzt bei uns. Er ist sehr nett. Er hilft mir bei den Hausaufgaben und hat mir gezeigt, wie man Drachen baut. Ich mag ihn. Auch wenn er nicht mein Papa ist.

Bald werde ich wieder großer Bruder. Das fühlt sich komisch und aufregend zugleich an.
Manchmal frage ich mich, ob das neue Baby auch zwischen zwei Familien wohnen wird. Oder ob es immer bei Mama und Tim bleibt. Aber dann denke ich: Es ist egal. Denn Liebe wohnt nicht in Wänden, sondern in Menschen.

Und mein Herz?

Das ist groß genug für Mama, für Papa, für meine Halbgeschwister, für Tim – und sogar für ein Baby, das noch gar nicht da ist.

Briefe durch Gitterstäbe

Papa ist an einem Ort, wo ich ihn nicht einfach besuchen kann. Mama sagt, das nennt man Gefängnis. Ein Haus mit vielen Türen, die man nicht selbst öffnen darf. Dort gibt es Regeln – ganz viele. Wann man isst, wann man schläft, wann man sprechen darf. Das kenne ich aus Westernfilmen. Aber ob das bei meinem Papa auch so ist? So genau weiß ich das gar nicht. Nur, dass alles geregelt ist. „Die Welt dort ist klein und grau", sagt Mama.

Ich stelle mir das Gefängnis immer wie ein riesiges Steinhaus vor, mit dicken Mauern und schmalen Fenstern. Drinnen sitzen viele Menschen. Manche traurig. Manche wütend. Manche ganz still. Aber manchmal male ich mir in meiner Fantasie auch aus, dass Papas Gefängnis so ist bei den Sheriffs im Film. Das macht es leichter, weil ich dann denken kann, dass mein Papa eigentlich ein Schauspieler ist. Ich weiß nicht genau, was Papa gemacht hat. Nur, dass es etwas war, was verboten ist. Mama sagt, dass Erwachsene für ihre Fehler gerade stehen müssen. Dass das wichtig ist – für andere, für sich selbst. Auch wenn sie Papas sind.

Ich habe sie gefragt: „Heißt das, Papa ist ein böser Mensch?"
Mama hat sofort den Kopf geschüttelt. „Nein", hat sie gesagt. „Er hat etwas falsch gemacht. Was er gemacht hat, war verboten. Aber Papa ist kein schlechter Mensch. Er hat einen Fehler gemacht, für den er nun bestraft wird. Menschen können Fehler machen – und trotzdem geliebt werden."

Papa schreibt mir Briefe. Nicht viele. Aber wenn einer kommt, hüpft mein Herz. Seine Schrift ist ein bisschen schief, aber ich erkenne sie sofort. Manchmal malt er kleine Bilder dazu – eine Katze, die sich in ein Kissen kuschelt. Einen Vogel, der mit offenen Flügeln durch den Himmel fliegt. Er schreibt: *Ich denke jeden Tag an dich.*
Oder: *Ich zähle die Tage, bis wir uns wiedersehen."*

Ich schreibe zurück. Male bunte Blumen, ein Bild von Mama beim Kochen, ein Bild von mir mit meinem Roller. Ich erzähle ihm, was ich in der Schule gemacht habe, wie mein neues Lieblingslied heißt und dass ich in Mathe besser geworden bin. Mama bringt die Briefe zur Post. Manchmal setzt sie sich zu mir und hilft mir, wenn mir die Worte fehlen.

Einmal durften wir Papa besuchen. Wir sind durch viele Türen gegangen. Immer wieder musste jemand einen Schlüssel benutzen. Es war seltsam dort – fremd. Die Luft war schwer. Und die Stühle zu hart.

Papa hat gelächelt, aber ich habe gesehen, dass seine Augen müde waren. Wir haben über schöne Dinge geredet. Über früher. Über später. Über gar nichts. Als wir wieder gingen, hatte ich einen Kloß im Hals. Ich habe mich nicht umgedreht.

Ich weiß nicht, wann Papa wiederkommt.
Ich weiß auch nicht, ob er jemals wieder bei uns wohnen wird. Ich habe Mama danach gefragt, aber sie hat nur gesagt: „Das wird die Zeit uns zeigen."

Aber ich weiß, dass ich ihn trotz allem lieb haben darf. Dass er mein Papa bleibt – auch wenn zwischen uns ein Gitter ist. Und dass ich hoffen darf. Auf Briefe. Auf ein Lächeln. Auf ein Wiedersehen ohne Mauern.

Und das ist ein kleiner Trost in dieser Zeit. Ein kleiner Trost – aber ein echter.

Mein Papa im Nebel

Früher hat Papa immer ganz laut gelacht. So laut, dass sogar die Vögel auf dem Balkon kurz still wurden. Er konnte mit den Ohren wackeln und Grimassen machen, die mich vor Lachen fast vom Stuhl fallen ließen. Wenn Papa lachte, fühlte sich die ganze Wohnung an wie ein bunter Luftballon, der gleich in den Himmel steigt.

Wir haben Kissenschlachten gemacht, bis die Kissen Federn gespuckt haben. Manchmal habe ich ihn mit meiner Zahnbürste erschrecken, wenn er gerade vor dem Spiegel stand und sich rasiert hat. Dann hat er so getan, als hätte ich ihn verzaubert – in einen Gummibärchen-Papa. Ich habe mich bei ihm sicher gefühlt. Geliebt. Gesehen.

Aber irgendwann wurde Papa anders. Ganz langsam, erst unbemerkt, dann immer deutlicher. Es war wie bei einem Schatten, der sich über alles legt. Er stand morgens auf, aber nicht richtig. Er setzte sich in die Küche, starrte auf seinen Tee und sagte nichts. Gar nichts. Seine Augen waren da – und irgendwie auch nicht. Als ob er weit weg wäre, in einem Raum ohne Fenster.

Ich habe alles versucht, ihn zurückzuholen. Grimassen geschnitten. Getanzt. Laut „Kuckuck!“ gerufen mit meiner albernsten Stimme. Aber Papa blieb still. Der Nebel in seinem Kopf, wie Mama ihn nennt, ging nicht weg.

„Papa ist krank", hat Mama gesagt. „Nicht wie Husten oder Bauchweh. Es ist sein Kopf. Der ist traurig. So traurig, dass er keine Freude mehr spüren kann."

Ich habe sie gefragt, ob ich etwas falsch gemacht habe. Vielleicht habe ich zu laut gespielt? Oder war manchmal zu frech zu ihm. Aber Mama hat ganz ruhig den Kopf geschüttelt. „Nein, mein Schatz. Du hast überhaupt nichts falsch gemacht. Manchmal passiert das einfach. Auch bei Erwachsenen."

Mama hat mir erklärt, dass Depression eine Krankheit ist, bei der die Welt grau wird. Innen drin. Dass Menschen dann Dinge vergessen, die sie eigentlich mögen. Dass sie müde werden – nicht im Körper, sondern in der Seele.

Papa hat uns dann verlassen. „Nicht für immer", sagt Mama. Aber erst einmal. Er wohnt jetzt in einer anderen Wohnung. Dort gibt es Menschen, die ihm helfen. Die ihn sehen. Die wissen, wie man durch Nebel geht, ohne den Weg zu verlieren. Papa soll dort lernen, wie er den Nebel durchdringen kann. Wie man wieder Licht findet.

Am Anfang war ich wütend. Ich wollte, dass er einfach wieder lacht. Dass alles wieder ist wie früher. Ich habe mich gefragt, warum er nicht bei uns gesund werden kann. Aber Mama sagt: „Dinge brauchen Zeit. Und Papa braucht Ruhe."

Jetzt schreibe ich ihm kleine Briefe. Mit bunten Filzstiften. Manchmal nur ein Satz:

„Lieber Papa, ich habe heute zwei Tore geschossen."

Oder: *„Lieber Papa, ich habe einen Marienkäfer gefunden."*

Oder einfach: *„Lieber Papa, ich vermisse dich."*

Mama sagt, sie liest ihm die Briefe vor. Manchmal malt sie auch eine Sonne in die Ecke. Und ich stelle mir vor, wie Papa sie anschaut. Wie sein Herz einen kleinen, hellen Punkt macht. Einen Sonnenpunkt, der durch den dicken Nebel dringt.

Manchmal, wenn ich ganz fest die Augen zumache, sehe ich ihn vor mir. Wie er lächelt. Nicht so laut wie früher. Aber echt. Zart. Wie ein Licht, das sich vorsichtig in einen dunklen Raum schiebt.

Ich hoffe, dass er eines Tages wieder zurückkommt. Zu mir und Mama.

Dass wir dann wieder im Garten lachen, malen, toben können.

Dass er wieder Gummibärchen-Papa ist.

Und dass der Nebel dann ganz verschwunden ist. Vielleicht für immer. Oder wenigstens für eine lange Zeit.

Der Stern, der für mich leuchtet

Papa ist gestorben. Das heißt, ich kann ihn nicht mehr sehen. Nicht mehr in den Arm nehmen. Nicht mehr hören, wenn er lacht. Manchmal denke ich, dass er vielleicht nur verreist ist. Oder sich gut versteckt hat.

Aber Mama sagt, dass der Tod bedeutet, dass jemand nicht zurückkommt. Und dass das ganz, ganz schwer ist für die, die zurückbleiben. Auch für große Leute. Mama hat gesagt, dass Papa bei einem Unfall gestorben ist. Auf dem Weg zur Arbeit. Und dass niemand etwas dafür konnte.

Manchmal ist Mama sehr traurig. Dann sitzt sie ganz still auf dem Sofa und schaut aus dem Fenster. Dann setze ich mich zu ihr, halte ihre Hand und sage nichts. Manchmal bin ich dann auch sehr traurig. Dann sagt Mama: „Du darfst traurig sein. So oft und so lange du willst."

Ich habe mir einen Stern ausgesucht. Den hellsten am Himmel. Mama sagt, dass Papa jetzt dort wohnt. Vielleicht nicht wirklich, aber ein kleines bisschen. Wenn ich am Abend mit ihm rede, schaue ich hinauf zum Himmel. Und wenn der Stern besonders hell funkelt, stelle ich mir vor, dass Papa gerade lächelt. Vielleicht sagt er dann: „Ich bin noch da. Nur anders."

Ich erzähle ihm von meinem Tag. Vom Kindergarten. Von meinen Freunden. Vom neuen Spiel, das ich kann. Manchmal sage ich ihm auch, dass ich wütend bin, weil er nicht mehr hier ist. Ich weiß, dass er das versteht.

Als Papa gestorben ist, hatten wir eine große Beerdigung. Alle waren da. Oma, Opa, Tanten, Onkel, Mamas Freunde, Papas Freunde. Viele haben geweint. Mama auch. Ich hatte ein schwarzes Kleid an und trug eine kleine weiße Blume. Die habe ich auf Papas Sarg

PAPA

gelegt. Es war still, aber auch schön. Irgendwie warm. Weil alle Papa kannten. Und weil alle ihn vermissen.

Am Wochenende besuchen wir ihn auf dem Friedhof. Da ist ein Stein mit seinem Namen und eine Bank, auf der man sitzen kann. Ich bringe ihm Blumen mit. Oder Steine, die ich bemalt habe – mit Herzen, mit Sternen, mit kleinen Grüßen. Ich erzähle ihm dann von meinem Tag. Von der Schule. Von meinen Freundinnen. Von meinen Lehrern.

Und ich sage ihm, dass ich ihn nie vergessen werde.

Nicht heute.
Nicht morgen.
Nicht irgendwann.

Ich habe ihm auch meinen Lieblingsteddy aufs Grab gelegt, damit er nicht so alleine ist. Und jedes Mal, wenn ich den Friedhof verlasse, sage ich: „Bis bald, Papa." Ganz leise. Für mich. Und vielleicht hört er es ja.

Ich weiß, dass Papa nicht mehr zurückkommen kann. Aber ich weiß auch, dass ich ihn nicht verlieren werde. Denn er wohnt ja jetzt nicht mehr in unserem Haus – aber immer noch in meinem Herzen. Und in Mamas auch. Und vielleicht sogar ein bisschen im Himmel, auf diesem einen Stern.

Da bleibt er. Für immer. Für mich.

Unsere kunterbunte Regenbogenfamilie

Ich habe keine Papa-Geschichten. Dafür ganz viele Mama-Geschichten! Ich habe nämlich zwei Mamas. Mama Lena und Mutti Sarah. Mama Lena kann supergut singen und tanzt oft mit mir durchs Wohnzimmer. Mutti Sarah baut mit mir die höchsten Lego-Türme der Welt.

Wir sind eine Regenbogenfamilie – so nennt man Familien, in denen nicht Mama und Papa zusammenleben, sondern Mama und Mama. Oder Papa und Papa. Oder noch ganz anders. Hauptsache: Es ist Liebe da.

Manche Kinder schauen mich komisch an, wenn ich das erzähle. „Und wo ist dein Papa?“, fragen sie. Ich zucke mit den Schultern und sage: „Ich habe keinen. Dafür doppelt so viel Liebe.“

Meine Mamas haben sich schon lieb gehabt, bevor ich da war. Dann haben sie mich bekommen. Mama sagt, dass ich das größte Glück bin, das einfach so zu ihnen gekommen ist. Und Mutti nickt dann immer ganz doll. Manchmal erzählen sie mir, wie sie sich kennengelernt habe, und dass sie sich schon lange ein Kind gewünscht haben. Sie haben sich bewusst für mich entschieden. Und das macht mich stolz.

Wir feiern Muttertag zweimal. Ich mache dann zwei Karten und zwei Blumensträuße. Manchmal basteln wir auch zusammen einen für Oma. Wenn ich krank bin, hab ich vier Mamaarme zum Kuscheln. Das hilft besonders gut. Und wenn ich Angst habe oder traurig bin, sind meine beiden Mamas da. Eine rechts, eine links. So fühlt sich das richtig sicher an.

Abends lese ich oft mit Mama Lena ein Buch. Und Mutti Sarah hört uns zu. Oft darf ich zwischen beiden einschlafen – genau in der Mitte. Da, wo es am weichsten ist. Oder wir kuscheln alle drei auf dem Sofa unter einer riesigen Decke. Das mag ich besonders gerne.

Meinen Papa kenne ich nicht. Aber natürlich habe ich auch einen Papa, das weiß ich selbstverständlich. Meine Mamas haben mir versprochen, mir mehr von ihm zu erzählen, wenn ich größer bin. Darauf freue ich mich schon jetzt. Aber vermissen tue ich meinen Papa nicht. Ich habe ja eine tolle Familie mit zwei Mamas. Und in unserer Familie ist alles drin, was ich brauche: Geborgenheit, Lachen, Zuhören, Geschichten, Trost und ganz, ganz viel Liebe.

Ich glaube, es gibt viele Arten von Familie. Manche sind wie ein Kreis. Manche wie ein Stern. Und unsere ist wie ein Regenbogen – bunt, warm und wunderschön.

WE LOVE YOU

Das kleine Wunder

Mama sagt, ich war eine große Überraschung. Sie kannte Papa nicht besonders gut, denn die beiden waren nur ganz kurz ein Paar. Als Mama merkte, dass sie mit mir schwanger war, war Papa schon nicht mehr Teil ihres Lebens. Mama hat mir erzählt, dass sie damals ein bisschen Angst vor der Verantwortung hatte – aber vor allem ganz viel Freude. Sie sagt oft: „Ich wusste nicht, wie alles wird, aber ich wusste: Du wirst geliebt."

Papa ist nie bei uns eingezogen. Ich habe ihn nie getroffen. Ich kenne nur seinen Vornamen. Er heißt Frank. Viel mehr weiß Mama wohl auch nicht von ihm. Nur, dass er studiert hat und nicht aus unserer Stadt kam. Manchmal frage ich Mama, wie er so war. Sie sagt dann immer: „Er war freundlich. Und ein bisschen schüchtern. Und ohne ihn gäbe es dich nicht."

Ich stelle mir vor, wie er aussieht. Vielleicht hat er Sommersprossen wie ich. Denn Mama hat keine Sommersprossen. Oder er lacht genauso schief wie ich. Wahrscheinlich weiß er gar nicht, wie wunderbar ich bin. Vielleicht doch. Aber ich glaube eher, dass er gar nicht weiß, dass es mich gibt. Das jedenfalls hat mir meine Mama erzählt.

Manchmal denke ich mir Geschichten über ihn aus. Dass er immer auf Reisen ist. Oder dass er in einer anderen Stadt wohnt und ab und zu in den Himmel schaut und an mich denkt, ohne zu wissen, wer ich bin. Manchmal male ich Bilder von uns – wie wir zusammen im Park sind oder Eis essen gehen. Auch wenn das nie passiert ist, fühlt es sich schön an, es mir vorzustellen. Ich bastle auch Karten für ihn – einfach so. Ob er sie je bekommt, weiß ich nicht. Aber sie sind bunt und voller Wünsche.

Ich bin nicht traurig, dass ich ihn nicht kenne. Ich bin neugierig. Ich finde es spannend, dass es da einen Teil meiner Geschichte gibt, der noch ein bisschen geheim ist.

Mama sagt, dass manche Dinge Zeit brauchen. Und dass es okay sei, Fragen zu haben – und erst einmal keine Antworten. Manchmal, wenn wir im Bett liegen, fragt Mama mich: „Was würdest du ihm sagen, wenn er jetzt plötzlich da wäre?“

Ich überlege dann lange. „Hallo, Papa. Ich bin dein Kind. Ich will dich kennenlernen.“ Manchmal sage ich auch: „Warum bist du nicht bei Mama geblieben?“ Und manchmal gar nichts – weil manche Fragen so groß sind, dass man sie nur fühlen kann.

Wir sind ein gutes Team, Mama und ich. Wir machen Picknicks im Wohnzimmer, pflanzen Salat auf dem Balkon, malen uns gegenseitig lustige Gesichter ins Gesicht. Sie ist meine Mama, mein Zuhause, mein Leuchtturm. Und auch wenn Papa nicht da ist, fühle ich mich vollständig.

Manchmal, wenn ich anderen Kindern erzähle, dass ich nur mit Mama lebe, schauen sie überrascht. „Fehlt dir denn nichts?“, fragen manche. Ich schüttele dann den Kopf. Ich habe eine Mama, die mich stark macht. Die lacht und zuhört und nie aufhört, für mich da zu sein. Mama sagt: „Es gibt viele Arten von Familien. Unsere ist klein – aber stark.“

Manchmal ist es auch anstrengend, sagt sie. Alles alleine zu machen – zu arbeiten, einzukaufen, mich zu trösten, wenn ich krank bin. Aber dann sagt sie: „Dafür sind wir ein echtes Team. Wir schaffen das.“ Und das stimmt.

Wenn sie mich abends zudeckt, flüstert sie: „So wie du bist, bist du richtig. Ob mit Papa – oder ohne.“ Und ich flüstere dann zurück: „Vielleicht suche ich ihn eines Tages.“ Wer weiß das schon? Vielleicht. Irgendwann. Aber jetzt bin ich einfach ich. Und das ist gut so.

Fragen ohne Antworten

Ich weiß nicht, wer mein Papa ist. Ich habe nie ein Foto gesehen. Ich kenne keinen Namen. Weiß nur das, was Mama mir erzählt hat – und das ist nicht viel. Keine Adresse, keine Geschichte, kein Bild für meinen Kopf. Nur Lücken. Und ganz viele Fragen.

Einmal habe ich ein Gespräch gehört, das Mama mit einer Freundin am Handy geführt hat. Sie haben über künstliche Befruchtung gesprochen. Ich weiß nicht so genau, was das ist, aber es klang nach etwas, das mit mir zu tun haben könnte. Ich habe Mama später gefragt. Sie hat kurz gezögert und dann gesagt: „Manche Geschichten brauchen Zeit." Und dass ich alles fragen darf – aber nicht alles wissen muss. Noch nicht.

Ich finde das nicht richtig! Ich will wissen, woher ich komme. Ich will verstehen, warum ich keinen Papa habe. Warum er nicht da ist. Warum niemand von ihm erzählt. Mama streichelt dann meinen Kopf und sagt: „Es hat nichts mit dir zu tun, dass du so wenig weißt. Aber du darfst alles fühlen – auch Wut und Neugier."

Also denke ich mir Geschichten aus. Mein unbekannter Papa ist manchmal ein Musiker. Manchmal ein Zauberer. Oder ein Tierarzt, der mit Tieren spricht. Vielleicht hat er ein Lächeln wie ich. Vielleicht mag er Nudeln mit Ketchup. Vielleicht mag er auch kein Sauerkraut – so wie ich. Vielleicht sieht er sogar manchmal Kinder auf der Straße und fragt sich, ob eines davon wohl ich sein könnte.

Ich weiß nicht, ob er überhaupt von mir weiß. Vielleicht ja. Vielleicht nein.

Aber ich denke trotzdem an ihn. Ich male ihn, wie ich ihn mir vorstelle – mal mit Brille, mal mit Locken, mal mit Gummistiefeln. Ich schreibe ihm manchmal kleine Briefe in mein Geheimheft. Ich lese sie laut vor, wenn ich alleine bin.

Mama sagt, dass ich kein halbes Kind bin, auch wenn ich nur ein Elternteil habe. Ich bin ganz. Und richtig. Und vollständig. Auch ohne seinen Namen, ohne sein Gesicht, ohne Antworten. Und trotzdem: Manchmal tut es weh. Wenn andere Kinder von ihren Papas erzählen. Wenn sie gemeinsam auf dem Spielplatz sind oder Fußball spielen. Dann spüre ich das Loch in meiner Geschichte.

Ich weiß nicht, ob ich meinen Papa jemals kennenlernen werde. Aber ich weiß, dass ich wachsen kann – mit oder ohne ihn. Ich bin neugierig. Und stark. Und geliebt. Mama sagt, ich sei ihr größtes Abenteuer. Und ich glaube, das stimmt.

Und wenn manche Geschichten Zeit brauchen, dann ist das eben so. Mama sagt, manche Antworten wachsen langsam so wie ein Baum – von innen heraus. Und manche Fragen muss man öfter stellen, bevor sie sich trauen, gehört zu werden. Ich bin ja noch ein Kind – mein Leben liegt noch ganz vor mir.

Wir haben eine alte Uhr von meiner Uroma geerbt. Die zeigt mir, wie Minuten vergehen. Doch manche Dinge brauchen nicht Minuten oder Stunden, sondern Herz-Zeit. Ich schaue manchmal auf unsere Uhr und sage mir: „Ich warte noch ein bisschen.“ Oder: „Ich stelle mir die Antwort einfach vor – bis sie irgendwann von allein kommt.“

Zeit bedeutet nicht, dass man alles sofort wissen muss. Zeit heißt: Ich darf wachsen, fragen, träumen, hoffen – und irgendwann vielleicht verstehen. Und bis dahin bin ich genau richtig, wie ich bin. Mit offenen Fragen. Mit meinem eigenen Takt. Denn ich bin ein Kind. Und ich habe Zeit. Ganz viel Zeit.

Der Held in der Ferne

Ich habe einen Papa. Und manchmal lebe ich auch mit ihm zusammen. Und mit Mama. Aber mein Papa trägt eine Uniform. Er ist kein Ritter, aber fast – er hilft Menschen in einem anderen Land. Er ist Teil eines Friedenskorps. Das bedeutet: Er reist dorthin, wo Menschen Hilfe brauchen. Manchmal baut er Häuser, manchmal bringt er Essen, manchmal hilft er Kranken. Und manchmal sorgt er dafür, dass sich Menschen wieder sicher fühlen können, wenn sie Angst hatten. Ich sehe Papa nicht oft. Manchmal nur in den Ferien. Oder über ein Video, das Mama mir zeigt. Dann winkt er in die Kamera, macht eine Grimasse und ruft: „Ich liebe dich!“ Ich winke dann zurück. Auch wenn er mich nicht sehen kann, fühlt es sich gut an.

Manchmal kommt ein kleines Päckchen mit der Post. Darin sind Dinge, die es bei uns so nicht gibt. Ein bunter Stein, den er am Straßenrand gefunden hat. Eine Süßigkeit mit einer fremden Schrift. Ein kleiner Stoff-Elefant. Oder ein Notizbuch mit Zeichnungen von Pflanzen, die ich noch nie gesehen habe. Ich klebe seine Postkarten an meine Wand. Da steht: *An meinen Lieblingsmenschen. Ich vermisse dich.* Wenn ich ihn sehr vermisse, krieche ich in mein Bett mit vielen Decken und Kissen. Drinnen ist es warm und kuschelig – wie in einer kleinen Höhle. Ich nehme das Handy, höre seine Stimme und tue so, als säße er direkt neben mir. Ich stelle mir vor, wie er mich streichelt. Dann wird mein Herz ein bisschen ruhiger.

Ich weiß, dass seine Arbeit wichtig ist. Mama sagt: „Papa hilft anderen – und vermisst dich jeden Tag.“ Manchmal weint sie auch ein bisschen, wenn sie das sagt. Dann wische ich ihr über die Wange. Ich glaube, sie vermisst ihn auch so sehr wie ich. Wir vermissen ihn zusammen. Ich bin ein bisschen traurig. Aber auch ein bisschen stolz. Denn mein Papa macht die Welt ein kleines Stück besser. Er bringt Hoffnung dahin, wo Menschen sie fast verloren haben. Und auch wenn ich mir oft wünsche, dass er einfach bei uns wäre – ich weiß, dass er das Richtige tut.

Manchmal träume ich, dass ich auch einmal mit ihm mitfliegen darf. In einem alten Flugzeug, das über fremde Länder fliegt. Dann sitzen wir nebeneinander und er erklärt mir alles. Die Pflanzen, die Menschen, die Geschichten. Ich stelle mir vor, wie wir zusammen helfen. Vielleicht einmal, wenn ich größer bin. Bis dahin male ich Bilder für ihn. Jeden Monat eines. Ich schicke sie nicht alle ab – manche hebe ich auf, für später. Ich weiß, dass er sie eines Tages sehen wird.

Und manchmal, wenn ich am Fenster stehe und in die Ferne blicke, flüstere ich: „Ich bin stolz auf dich, Papa." Ich weiß nicht, ob er das hören kann. Aber ich glaube es. Ganz tief drin. Denn obwohl er weit weg ist – ist er trotzdem bei mir. In meinem Herzen. In meiner Fantasie. Und auf meiner Wand voller Postkarten.

Mein Papa ist krank

Manchmal ist Papa wie ein großer Teddybär. Warm, weich, lustig. Dann lacht er laut, spielt mit mir Verstecken oder bringt mich zur Schule und singt dabei so schräg, dass ich lachen muss. Dann ist er mein Lieblingspapa, der beste Papa der Welt. Dann fühle ich mich leicht wie ein Luftballon, der aufsteigen will.

Aber manchmal ist Papa ganz anders. Dann ist er laut. Oder traurig. Oder einfach weg. Nicht mit dem Körper, aber mit dem Kopf. Er hört nicht zu, schaut durch mich hindurch, vergisst Dinge, die er mir versprochen hat. Dann fühle ich mich klein und unsichtbar.

Mama sagt, Papa hat eine Sucht. Für Papa heißt das, dass er Dinge trinkt, die ihn verändern. Alkohol. Der ihn vergessen lässt, dass er mein Papa ist. Dass ich da bin. Dass er mich liebt. Manchmal ist er dann gar nicht mehr der Papa, den ich kenne. Sondern jemand ganz anderes – fremd, müde, schwer.

Ich hab das lange nicht verstanden. Ich dachte, ich sei schuld, wenn er mich nicht beachtet hat. Weil ich zu laut geweint habe. Oder nicht genug gelächelt. Vielleicht war ich zu wild oder zu leise. Ich habe gedacht, wenn ich mich genug anstrenge, wenn ich besonders brav bin oder besonders lieb, dann wird Papa wieder so wie früher. Aber Mama hat gesagt: „Du bist niemals schuld. Papas Krankheit hat mir dir nichts zu tun." Das hat sie ganz fest gesagt. Und dann hat sie mich lange im Arm gehalten. So lange, bis ich wieder atmen konnte. Ich glaube, das war wichtig. Denn manchmal braucht es viele Umarmungen, um eine schwere Wahrheit zu tragen.

Manchmal schäme ich mich, dass Papa anders ist als andere Papas. Zum Beispiel, wenn er im Supermarkt komisch redet. Oder wenn andere Kinder sagen, dass ihr Papa nie so was machen würde. Dann möchte ich mich am liebsten verstecken. Mama meint immer, dass man sich nicht für andere Menschen schämen muss. Auch nicht für Papas.

Papa hat dann aber immer mehr Alkohol getrunken. Ist nicht mehr arbeiten gegangen. Hat nicht mehr geduscht und sich gewaschen. Mama und er haben sehr oft gestritten, weil Mama ihm kein Geld mehr geben wollte für sein Trinken. Das war eine ganz schlimme Zeit.

Inzwischen wohnt Papa nicht mehr bei uns. Er ist in einer therapeutischen Einrichtung. Das ist so was wie ein Krankenhaus für Menschen, die zu viel Alkohol trinken und eine Sucht haben. Mama sagt, das sei besser so – für ihn und für uns. Weil er krank sei. Und erst gesund werden müsse, bevor er wieder zu uns zurückkommen könne.

Wenn er gute Tage hat, besuche ich ihn manchmal in dieser Einrichtung. Dann reden wir. Oder wir gehen zusammen ein Stück im Park spazieren. Er hält meine Hand dann oft ganz fest, als wolle er mir zeigen, dass ich ihm wichtig bin. Und ich glaube ihm das.

Und wenn es schlechte Tage gibt? Tage, an denen er nur traurig ist? Oder flucht? Oder mich einfach nicht sehen will. Dann denke ich an die guten. Ich schaue mir Fotos an, auf denen er lacht. Ich erinnere mich an den Tag, als er mir das Fahrradfahren beigebracht hat. Oder an den Nachmittag, als wir im Regen getanzt haben. Ich sammle diese Erinnerungen wie kleine Schätze in meinem Herzen. Für die Tage, die schwer sind.

Ich liebe ihn. Auch wenn ich es nicht immer zeigen kann. Auch wenn er manchmal nicht der Papa ist, den ich brauche.

Die Seite für dich

Hier hast du, liebes Kind, Platz, über deine Gefühle zu schreiben oder einfach nur ein Bild von deinem Papa oder deinen Gefühlen zu malen. Wenn du noch nicht schreiben kannst, bitte einen Erwachsenen oder ein älteres Kind, dir zu helfen.

Hinweise für Erwachsene

Dieses Buch kann viele Gefühle anstoßen – bei Kindern wie bei Erwachsenen. Deshalb möchten wir einige Gedanken mitgeben, wie Sie ein Kind im Gespräch gut begleiten können:

Wie kann ich mit meinem Kind über schwierige Themen reden?
Kinder brauchen Sicherheit. Sprechen Sie ruhig und ehrlich, in einfachen Worten. Antworten Sie auf Fragen so klar wie nötig und so sanft wie möglich. Und sagen Sie ruhig auch mal: „Das weiß ich gerade nicht." Das schafft Vertrauen.

Was hilft, wenn mein Kind traurig oder wütend ist?
Alle Gefühle sind erlaubt. Lassen Sie Ihr Kind weinen, trotzen, fragen oder auch einfach schweigen. Halten Sie das gemeinsam aus – durch Nähe, Rituale, Zuhören. Manchmal hilft Kuscheln mehr als Erklären.

Warum ist Ehrlichkeit (kindgerecht) wichtig?
Kinder spüren mehr, als wir denken. Wenn wir versuchen, Dinge zu beschönigen oder auszusparen, spüren sie Lücken – und füllen sie oft mit eigener Schuld. Ehrliche, kindgerechte Worte helfen, Vertrauen zu schaffen und emotionale Last abzubauen.

Rituale und Ideen für den Alltag

Manche Gefühle lassen sich schwer in Worte fassen – aber sie finden einen Ausdruck in Taten. Rituale geben Kindern Halt, Orientierung und das Gefühl, selbst etwas tun zu können. Sie machen Unsichtbares sichtbar und schenken Trost, Verbindung und Kraft. Hier sind einige einfache Rituale und kreative Ideen, die Kindern helfen können, mit dem Thema „Papa ist nicht da" umzugehen – auf ihre ganz eigene, stärkende Weise:

Die Papa-Postbox
Ein kleiner Briefkasten – selbst gebastelt aus einem Schuhkarton, beklebt mit buntem Papier, bemalt oder verziert. Hier kann das Kind Briefe, Bilder, Gedanken oder Wünsche an den Papa hineingeben – auch wenn sie nie abgeschickt werden. Das hilft beim Loslassen. Oder beim Festhalten. Manche Kinder machen daraus ein tägliches Abendritual. Manchmal reicht schon ein Herz auf Papier.

Tipp: Auch Audionachrichten oder kleine Gegenstände können in einer Schachtel aufbewahrt werden – wie eine persönliche Papa-Zeitkapsel.

Das Sternenritual
Für Kinder, deren Papa gestorben ist: Jeden Abend darf ein Stern am Himmel ausgesucht werden, zu dem das Kind „Gute Nacht" sagt. Es darf dem Stern Dinge erzählen, Fragen stellen, Erinnerungen teilen. So wird eine bleibende Verbindung spürbar. Manche Kinder möchten auch dem Stern einen Namen geben – zum Beispiel **Papastern**.
Variante: Gemeinsam ein Papa-Glas basteln, in das kleine Sternzettel gelegt werden, auf denen schöne Erinnerungen oder Wünsche stehen.

Das Zwei-Häuser-Tagebuch
Für Kinder mit getrennten Eltern: Ein kleines Notizbuch, das zwischen den beiden Haushalten hin- und her reist. Das Kind kann dort aufschreiben oder malen, was es erlebt hat, was schön war oder auch schwer. So bleibt der jeweils andere Elternteil verbunden, selbst wenn er gerade nicht da ist.
Idee: Auch die Eltern können gelegentlich kleine Antworten hineinschreiben – so entsteht ein liebevoller Briefwechsel im Alltag.

Der Erinnerungskoffer
Eine kleine Kiste oder Tasche, in die alles gelegt werden darf, was mit Papa zu tun hat: Fotos, Gegenstände, ein Parfüm, Zeichnungen, Briefe, ein getragenes T-Shirt. Der Koffer kann regelmäßig geöffnet oder einfach im Zimmer stehen – als Schatztruhe für besondere Gefühle. Für manche Kinder ist es hilfreich, selbst zu entscheiden, wann der Koffer geöffnet oder geschlossen wird.

Der Ich-und-Papa-Malkalender
Ein Monatskalender, auf dem das Kind jeden Tag mit Farben oder Symbolen markiert, wie es sich fühlt. Es kann kleine Bilder malen, Emojis aufkleben oder Farben für *Ich hab Papa vermisst*, *Ich war traurig*, *Ich war mutig* verwenden. Das macht innere Gefühle sichtbar – und zeigt, wie stark Kinder schon sind.

Die Papa-Stimme
Wenn möglich eine kurze Tonaufnahme des Papas mit einem Gruß oder einer Gutenachtbotschaft. Auch bei Abwesenheit (z. B. auf Reisen oder bei Krankheit) kann die Stimme Trost geben. Wer keine Aufnahme hat, kann sich vorstellen, wie Papa wohl klingen würde – und eine Fantasiestimme erfinden.

Diese Rituale sind Einladungen, keine Pflicht. Jedes Kind darf selbst entscheiden, was ihm guttut. Und manches wirkt einfach dadurch, dass es da ist – still, geduldig und liebevoll.

Buchtipp

Zwei Zuhause – und ein Platz für alles, was du fühlst.

Manchmal wohnt Mama hier und Papa dort. Und manchmal wünscht man sich, beide gleichzeitig umarmen zu können. Dieses Tagebuch ist für Kinder, die zwischen zwei Zuhause leben – und ganz viel zu erzählen, zu malen und zu fühlen haben.

Hier kannst du aufschreiben, was du erlebt hast. Was schön war. Was dich zum Lachen gebracht hat. Oder was du lieber verstecken möchtest. Du kannst Bilder malen, Fragen stellen oder Herzen kritzeln – alles ist erlaubt.

Dein Zwei-Häuser-Tagebuch darf mitreisen. Von Mama zu Papa. Von Papa zu Mama. Es darf deine Gedanken weitertragen, wenn du selbst gerade nicht alles sagen kannst.

Denn auch wenn dein Zuhause an zwei Orten ist – dein Herz darf immer ganz sein.

Nanja Holland
Zwei-Häuser-Tagebuch
für Trennungs- und Scheidungskinder

ISBN: 978-3-99051-389-7
Papierfresserchens MTM-Verlag

www.papierfresserchen.eu